MW01675503

Edvard Grieg
(1843-1907)

Lyriske stykker

Lyric Pieces · Lyrische Stücke · Pièces lyriques

I

for piano · für Klavier · pour piano

Revised edition

Urtext

Edited by · Herausgegeben von · Edité par
Thomas Aßmus & Tamás Zászkaliczky

K 106 A
Könemann Music Budapest

INDEX
I

II

Arietta

Poco andante e sostenuto

Op. 12, No. 1.

Valse

Op. 12, No. 2.

Allegro moderato

2.

37
ritard.
p
44
a tempo
50
ritard.
f
pp
57
64
ritard.
f
p
71
Coda
p dolce
pp
Ped.

Vektersang

Watchman's Song – Wächterlied – Chant du gardien

Molto andante e semplice Op. 12, No. 3.

pp
Ped.
f
p
ritard.

Alfedans

Fairy Dance – Elfentanz – Danse des sylphes

Molto allegro e sempre staccato

Op. 12, No. 4.

cresc.

Folkevise

Folksong – Volksweise – Mélodie populaire

Con moto Op. 12, No. 5.

morendo
mf
Ped.
morendo

Norsk

Norwegian – Norwegisch – Mélodie norwégienne

Presto marcato

Op. 12, No. 6.

sempre ritard.

Stambogsblad

Album Leaf – Albumblatt – Feuille d'Album

Allegretto e dolce

Op. 12, No. 7.

7.

sosten.
fz
p
Ped.

Fedrelandssang

National Song – Vaterländisches Lied – Chant national

Maestoso

Op. 12, No. 8.

Berceuse

Op. 38, No. 1.

Allegretto tranquillo, ♩ = 92

Con moto
p tre corde
rit.
a tempo
p
ritard.
a tempo
più p
una corda
pp tre corde
cresc.
e
stretto

ritard. molto
dim.
a tempo
morendo

Folkevise

Folksong – Volksweise – Mélodie populaire

Allegro con moto, ♩=144

Op. 38, No. 2.

10.

sempre cresc.
f
dim.
poco
a
poco
rit.
a tempo
p
cresc.
f
p
dimin. e rit.
pp

Melodie

Op. 38, No. 3.

11.

a tempo
p
cresc. poco e stretto
ritard.
a tempo
p
p
pp

Halling

Norwegian Dance – Norwegischer Tanz – Danse norwégienne

Allegro marcato, ♩ = 116

Op. 38, No. 4.

a tempo
rit.
a tempo
poco rit.

Springdans

Norwegian Dance – Springtanz – Danse norwégienne

Op. 38, No. 5.

17
ff
Ped.
22
p
27
dim.
poco
a
poco
32
37
pp

Elegie

Allegretto semplice, ♩ = 80

Op. 38, No. 6.

14.

fp
cantabile
cresc.
Ped.
pp
fp
mf
p

Valse

Poco allegro, 𝅗𝅥. = 60 Op. 38, No. 7.

15.

 K 106 A

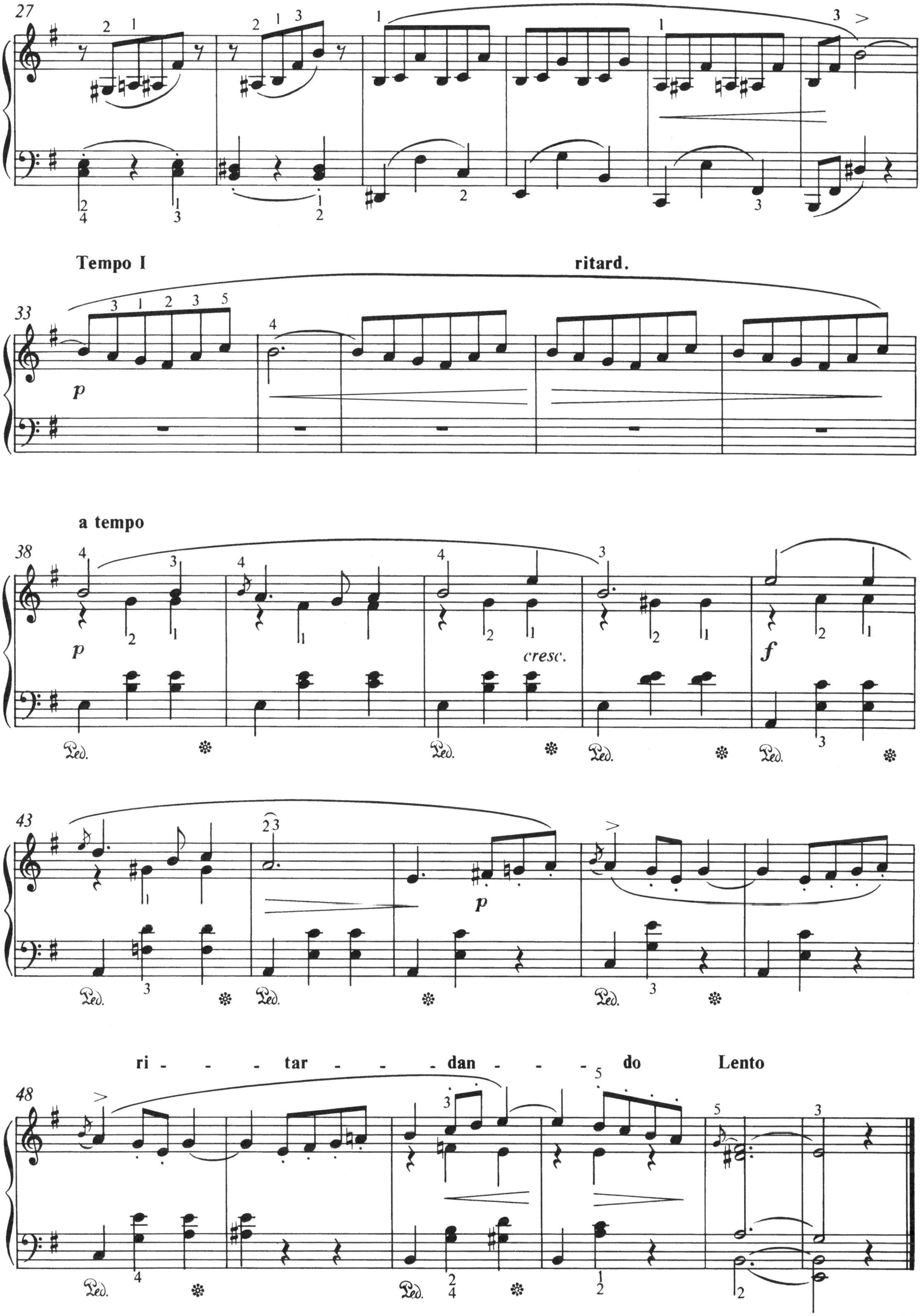
Tempo I
ritard.
a tempo
cresc.
ri - - - tar - - - dan - - - do
Lento

Kanon

Allegretto con moto, ♩ = 80 *cantabile* — Op. 38, No. 8.

16.

Più mosso, ma tranquillo, ♩ = 126
p
pp
cresc.
mf
f
dim.
Minore Da Capo al Fine

Sommerfugl

Butterfly – Schmetterling – Papillon

Allegro grazioso, ♩ = 132

Op. 43, No. 1.

una corda
pp
ritard.
a tempo
dolce
cresc. poco a poco
con moto e poco stretto
tre corde

21
f
dim.
p
24
26
28
30
pp una corda

ritard.
a tempo
dolce
cresc. poco a poco
poco stretto
tre corde
dim. e rit.

Ensom vandrer

Solitary Traveller – Einsamer Wanderer – Voyageur solitaire

Op. 43, No. 2.

Allegretto semplice, ♪ = 116

18.

poco ritard.
a tempo
poco rit.
a tempo
poco ritard.
a tempo
rit.

I hjemmet

In my Native Country – In der Heimat – Dans mon pays

Op. 43, No. 3.

16
20
poco più mosso
p
cresc.
24
ritard.
f
Tempo I
p
28
pp
32
pp
ppp

Liten fugl

Little Bird – Vöglein – Oisillon

Op. 43, No. 4.

Allegro leggiero , ♩. = 88

20.

p
pp
poco ritar - - dan - - do
ppp
Ped.

Erotik

Op. 43, No. 5.

più mosso e sempre stretto
cresc.
più cresc.
ri - tar - dan - do mol - to
Tempo I
f
p
dolce
ri - tar - dan - do
più p e tranquillo
pp

Til våren

To Spring – An den Frühling – Au printemps

Op. 43, No. 6.

a tempo
p
stretto poco a poco
cresc.
m.d.
f agitato
m.d.
m.s.
f
più f
ritard.
ff
Ped.

Tempo I
p e dolce
m.d.
p
poco rit.
a tempo
animato
poco rit.
a tempo
cresc.
dim.
cresc.
dim.

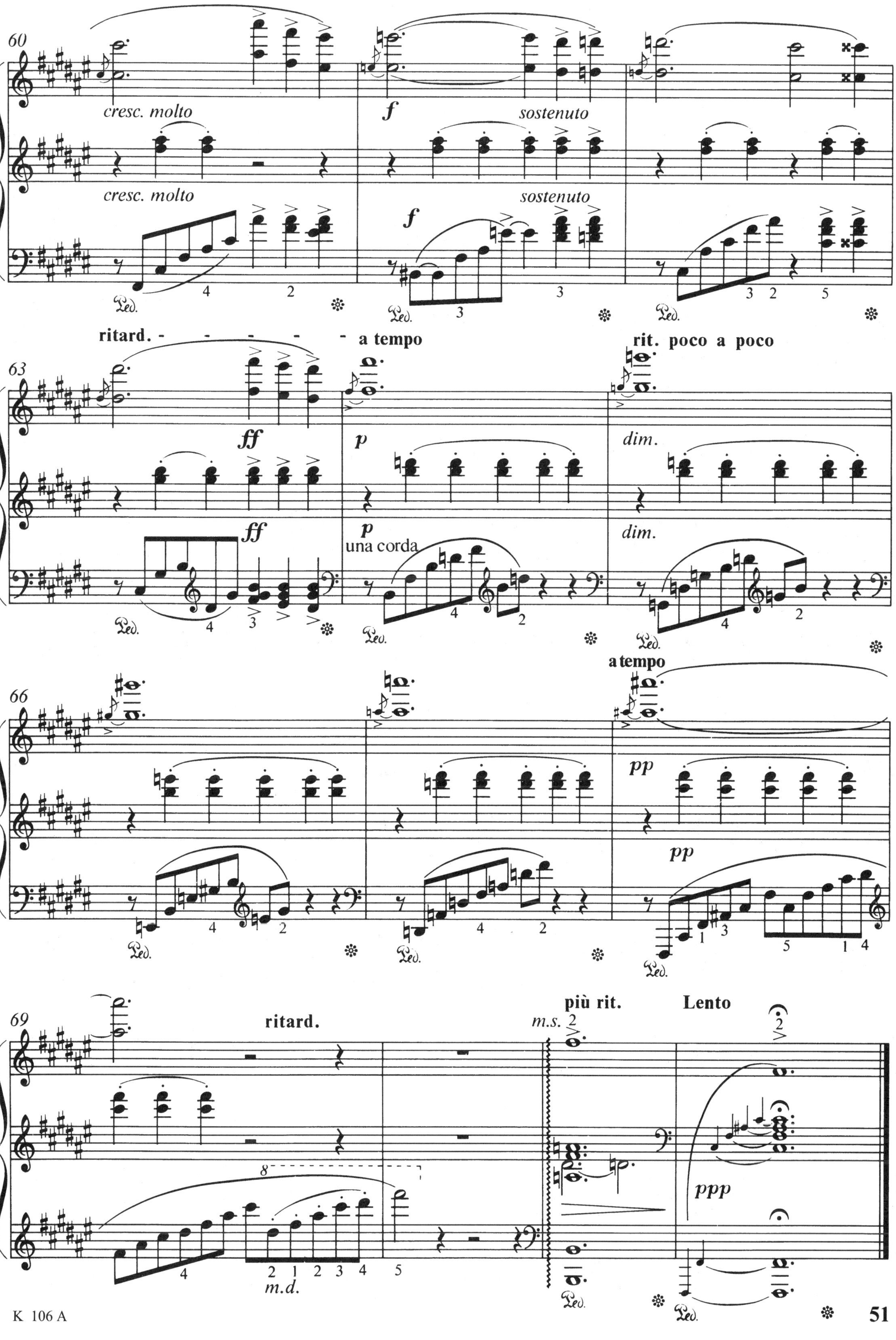
60
cresc. molto
sostenuto
ritard. - - - - - - a tempo
rit. poco a poco
63
ff
p
dim.
una corda
a tempo
66
pp
69
ritard.
più rit.
Lento
m.s.
m.d.
ppp

Valse-Impromptu

Op. 47, No. 1.

23.

rit.
m.s.
m.s.
p
Tempo I
pp
f
sempre f
pp
poco tranquillo
tr
ritard.

a tempo
p
rubato
cresc.
rubato
fz
pp
stretto molto e cresc.
rit. molto
molto più lento
f
cantabile

m.s.
Ped.
Tempo I
pp
f
sempre f
poco tranquillo
ritard.
tr

143
a tempo
p
rubato
150
cresc.
rubato
157
fz
pp
164
stretto molto e cresc.
170
rit. molto
f
molto più lento
cantabile
177
m.s.
p
pp
ppp
Ped.

Stambogsblad

Album Leaf – Albumblatt – Feuille d'Album

Allegro vivace e grazioso

Op. 47, No. 2.

24.

pp
cantabile
mf
più cresc.
ten.
ffz
dim. molto
dolcissimo
pp una corda
m.d.
m.s.
tre corde
f
poco rit.
a tempo
p e dolce
cresc.

dim.
cresc.
cantabile
più cresc.
ten.
dim. molto

dolcissimo
pp una corda
m.d.
m.s.
tre corde
f
poco rit.
a tempo
p e dolce
cresc.
fz dim.
p
pp

Melodie

Op. 47, No. 3.

più f
dim. molto e meno mosso poco a
poco
poco rit.
Tempo I
dim.

più mosso
pp
stretto
f
più f
ff
ffz dim. molto e meno mosso poco
a poco
poco rit.

Tempo I
dim.
dim.
sempre
ritard.
morendo

Halling

Norwegian Dance – Norwegischer Tanz – Danse norwégienne

Op. 47, No. 4.

Melancholie

- - molto - - a tempo
ffz
p
un poco più mosso
cresc.
f
cresc.
più cresc.
ritard. - - - - molto - - - a tempo
f
ffz
p
dim.
pp

Springdans

Norwegian Dance – Springtanz – Danse norwégienne

Op. 47, No. 6.

28.

p
pp
cresc.
molto
ff
dim.
p
pp
ppp

Elegie

Op. 47, No. 7.

poco mosso
espressivo
cresc. ed
agitato
rit.
Tempo I
morendo

Gjetergut

Shepherd's Boy – Hirtenknabe – Garçon vacher

Andante espressivo

Op. 54, No. 1.

30.

ritard. - - molto
Tempo I
più dim.
ppp
p
molto tranquillo
ed espressivo
pp
agitato
molto
ff
dim.
e più tranquillo
p
dim.
pp
cantabile
p
pp

Gangar

Norwegian March – Norwegischer Bauernmarsch – Marche norwégienne

Allegretto marcato

Op. 54, No. 2.

31.

sempre ppp
Ped. sempre
(*)
cresc.
molto
f
più f
ff
fff
dim.

78
p tranquillo
f
85
p
ff
p
Ped.
91
97
dim.
sempre
ppp
104
sempre
sempre ppp
111
8

cresc.
molto
f
più f
ff
fff
dim.
p tranquillo
poco rit.
dim.
pp
Ped. al Fine

Trolltog

March of the Dwarfs – Zug der Zwerge – Marche des nains

Op. 54, No. 3.

32.

dim. poco a poco
p
dim.
pp
una corda

71
p cantabile
(tre corde)
78
84
p
89
93
pp

97
p
104
110
p
115
dim.
119

pp
staccato
sempre pp
staccato
una corda
staccato
tre corde
cresc. poco a
poco
molto
ff

dim. poco a poco
p
dim.
una corda
pp
ff

Notturno

Op. 54, No. 4.

33.

a tempo
poco
Più mosso
una corda
(ppp)
poco a poco
cresc.
molto
tre corde
poco rit.

a tempo
p
cresc.
molto
f
ff

dim. sempre
poco rit.
a tempo
morendo
Adagio

Scherzo

Prestissimo leggiero

Op. 54, No. 5.

p dolce
dim.
più p
dim.
pp
morendo
poco
ppp
Fine

Più tranquillo
p cantabile
cresc.
f
fp
fp
fp
fp

Da Capo al Fine

Klokkeklang

Bell Ringing – Glockengeläute – Son des cloches

Op. 54, No. 6.

35.

sempre più cresc.
molto
fff
poco ritard.
dim. molto
Tempo I
pp
dim.
pp
molto
ffz
p
pp
morendo

The Critical Notes which belong to this Urtext edition are available at www.koenemann.com

H-1093 Budapest, Vámház krt. 5.
Responsible co-editor: István Máriássy
Engraved by Kottamester Bt., Budapest

K 106 A

Distributed worldwide by Tandem Verlag GmbH
Im Mühlenbruch 1, D-53639 Königswinter

Printed in EU

ISBN 3-8331-1337-5